BEI GRIN MACHT SICH IHR WISSEN BEZAHLT

AF136048

- Wir veröffentlichen Ihre Hausarbeit,
  Bachelor- und Masterarbeit

- Ihr eigenes eBook und Buch -
  weltweit in allen wichtigen Shops

- Verdienen Sie an jedem Verkauf

Jetzt bei www.GRIN.com hochladen
und kostenlos publizieren

Jennifer Jablonski

Meckern, Motzen, Klagen: über die Funktion des Vorwurfs in sozialen Beziehungen

GRIN Verlag

Bibliografische Information der Deutschen Nationalbibliothek:

Die Deutsche Bibliothek verzeichnet diese Publikation in der Deutschen National-bibliografie; detaillierte bibliografische Daten sind im Internet über http://dnb.d-nb.de/ abrufbar.

Dieses Werk sowie alle darin enthaltenen einzelnen Beiträge und Abbildungen sind urheberrechtlich geschützt. Jede Verwertung, die nicht ausdrücklich vom Urheberrechtsschutz zugelassen ist, bedarf der vorherigen Zustimmung des Verlages. Das gilt insbesondere für Vervielfältigungen, Bearbeitungen, Übersetzungen, Mikroverfilmungen, Auswertungen durch Datenbanken und für die Einspeicherung und Verarbeitung in elektronische Systeme. Alle Rechte, auch die des auszugsweisen Nachdrucks, der fotomechanischen Wiedergabe (einschließlich Mikrokopie) sowie der Auswertung durch Datenbanken oder ähnliche Einrichtungen, vorbehalten.

Impressum:

Copyright © 2010 GRIN Verlag GmbH
Druck und Bindung: Books on Demand GmbH, Norderstedt Germany
ISBN: 978-3-656-51900-3

Dieses Buch bei GRIN:

http://www.grin.com/de/e-book/262873/meckern-motzen-klagen-ueber-die-funktion-des-vorwurfs-in-sozialen-beziehungen

GRIN - Your knowledge has value

Der GRIN Verlag publiziert seit 1998 wissenschaftliche Arbeiten von Studenten, Hochschullehrern und anderen Akademikern als eBook und gedrucktes Buch. Die Verlagswebsite www.grin.com ist die ideale Plattform zur Veröffentlichung von Hausarbeiten, Abschlussarbeiten, wissenschaftlichen Aufsätzen, Dissertationen und Fachbüchern.

Besuchen Sie uns im Internet:

http://www.grin.com/

http://www.facebook.com/grincom

http://www.twitter.com/grin_com

Johann Wolfgang von Goethe-Universität
Frankfurt am Main
Fachbereich Gesellschaftswissenschaften
Sommersemester 2010

Essay

Meckern, Motzen, Klagen:
über die Funktion des Vorwurfs in sozialen Beziehungen

von Jennifer Jablonski

Frankfurt, 05.09.2010

Im vorliegenden Essay wird der Frage nachgegangen, aus welch unterschiedlichen Perspektiven der soziologische Begriff des „Vorwurfs in sozialen Beziehungen" verstanden und analysiert werden kann. Zurückgegriffen wird dabei auf Texte soziologischer, linguistischer, psychoanalytischer und artverwandter Disziplinen.[1]

Begibt man sich zunächst auf die Suche nach einer Definition von „Vorwurf" in der Soziologie, fällt schnell auf, dass dieser Begriff kaum Bestandteil der Forschung dieses Wissenschaftszweiges zu sein scheint.

Fündig wird man vielmehr im Bereich der Sprachforschung, welche den Vorwurf den konfliktären Sprechhandlungen zuordnet: „Bei einem Vorwurf teilt der Sprecher über die bloße Feststellung eines Zustandes oder eines Geschehens hinaus mit, dass er etwas, wofür der Empfänger verantwortlich ist, negativ bewertet. Indem er eine negative Bewertung vornimmt und dadurch den Empfänger zur Verantwortung zieht, signalisiert er diesem, dass er es auf einen Konflikt mit ihm ankommen lässt."[2]

Versteht man insofern den Vorwurf als (potenziellen) Beginn eines Konfliktes, kann man zur Definition des dadurch thematisch erweiterten Begriffes auch auf klassische soziologische Texte zurückgreifen. Für Talcott Parsons beispielsweise sind Konflikte ein Zeichen einer Fehlfunktion einer Gesellschaft, da dadurch die unwahrscheinliche Ordnung selbiger verworfen wird.[3] Marx und Engels hingegen waren der Überzeugung, dass Konflikte in einer Gesellschaft immer vorhanden sind, was sich aus der unterschiedlichen Stellung zu den Produktionsmitteln ergäbe.[4] Ralf Dahrendorf zufolge halten gerade Konflikte die Ordnung einer Gesellschaft aufrecht, weil dadurch institutionalisiert Interessensgegensätze ausgetauscht werden können.[5]

Wichtig für die Analyse durch das vorliegende Essay sind die konstituierenden Merkmale, die in der Soziologie einem Konflikt zugeordnet werden.

Konflikte

- sind immer Interaktionen zwischen Individuen oder Gruppen
- setzen ein Mindestmaß eines bewussten Vorgehens gegen die Interessen des Interaktionspartners voraus

---

1 Die zugrundeliegenden Aufsätze entstammen den Reader des Hauptseminars „Meckern, Motzen, Klagen: über die Funktion des Vorwurfs in sozialen Beziehungen", Universität Frankfurt, FB Gesellschaftswissen-schaften, Sommersemester 2010

2 Henriksson (2004), S. 1

3 Vgl. Parsons (1964 [1951])

4 Vgl. Marx; Engels (2005 [1848])

5 Vgl. Dahrendorf (1957)

- sind häufig emotional belegt und fordern große Anstrengungen der Interagierenden
- können auch für Zuschauer relevant sein, wenn diese eine der beteiligten Parteien bevorzugen.[6]

Konflikte und damit im weiteren Sinne auch Vorwürfe sind also soziologisch erforschenswert, da sie äußerst vielschichtig als manifeste Ausgangssituation einer Gesellschaft gesehen werden und damit „Triebfeder [...] gesellschaftlicher Entwicklung"[7] sein können.[8]

Im Folgenden werden wie eingangs beschrieben, Texte 14 verschiedener Autoren[9] im Hinblick auf ihre Aussagen zu Vorwürfen in sozialen Beziehungen – soziologisch verstanden als potenzieller Beginn eines Konfliktes – betrachtet.

Auf Basis von fünf verschiedenen Analysefaktoren, die aus den vorgenannten Definitionsansätzen entwickelt wurden, wird verglichen, wie sich die Verfasser dem Begriff des Vorwurfs bzw. im erweiterten Sinne des Konfliktbeginns nähern.

Aufgrund des gegebenen Rahmens dieser Arbeit wird der Vergleich tabellarisch durchgeführt, auf eine ausformulierte Analyse wird aus Ressourcengründen verzichtet.

Zunächst erfolgt eine *disziplinäre Einordnung* des Textes sowie, sofern zielführend, ein Hinweis auf grundsätzliche Themenschwerpunkte des Autors. Beispielsweise ist die disziplinäre Einordnung „Religionswissenschaft" bei den beiden Texten „Motzen" und „Versuch über die Schwierigkeit nein zu sagen" von Klaus Heinrich (emeritierter Professor für Religionswissenschaft) wenig hilfreich. Vielmehr ist es für die vorliegende Analyse relevant zu wissen, dass er religionsphilosophisch arbeitet und Rechtswissenschaften, Philosophie, Theologie, Soziologie, Kunstgeschichte und Literaturwissenschaften studiert hat.[10] Seine Ausführungen zur Begrifflichkeit eines Vorwurfs sind also eher interdisziplinär zu verstehen.

Der zweite Analysefaktor hinterfragt die *Ausprägung* des Vorwurfbegriffs bei dem jeweiligen Autor („Vorwurf verstanden als..."). Wie bereits im Titel des hier zugrundeliegenden Seminars „Meckern, Motzen, Klagen – über die Funktion des Vorwurfs in sozialen Beziehungen" ersichtlich, werden unter einem Vorwurf

---

[6] Vgl. Bös (2010), S. 132
[7] Quante-Brandt (2003), S. 17
[8] Vgl. Lehnert (2006)
[9] Aus Gründen der Lesbarkeit wird hier der männliche Begriff verwendet, welcher sowohl Autoren als auch Autorinnen einschließt.
[10] Vgl. o.V. (2010)

verschiedene Zustände subsumiert. Während zum Beispiel „Meckern" oder „Jammern" Begriffe des Alltags sind, um Ungerechtigkeiten oder Leid zu thematisieren, hat „Klagen" einen stärker inszenierten und damit eher schriftlich zu fixierenden Charakter. „Charakteristisch für die Klage ist [...] die Spannung zwischen leben-wollen und sterben-müssen oder, dem Wortlaut nach häufiger, zwischen sterben-wollen und leben-müssen".[11] Sprachwissenschaftlich gilt das biblische Buch „Hiob" paradigmatisch für die so verstandene Klage (dieser Text ist auch Gegenstand dieser Analyse). Im Gegensatz zu der weiteren Vorwurf-Ausprägung „Melancholie" (die eher Gegenstand psychoanalytischer Betrachtungen ist) ist die Klage aktiver, die Klagenden sind ähnlich verzweifelt, setzen zur Artikulation jedoch Worte ein, während ein Melancholiker seinen Schmerz weitgehend allein und passiv erleidet.

Der dritte Analysefaktor steht mit dem Vorangegangen in Zusammenhang und widmet sich der Frage des *Auslösers* oder der Ursache der zuvor bestimmten Ausprägung eines Vorwurfs. Zusammenfassend könnte man als Auslöser immer eine Form von (unterschiedlich erlebtem) Leid sehen, allerdings wird bei detaillierter Betrachtungsweise die sehr unterschiedliche Interpretation von Ursachen von Vorwurf durch die verschiedenen Disziplinen ersichtlich. Während beispielsweise Sigmund Freud als Psychoanalytiker eine Ich-Verarmung in Verbindung mit einer aufdringlichen Mitteilsamkeit als Auslöser für Melancholie sieht, steht bei den biblischen Klagen Fremdverschulden durch Zerstörung oder Krankheit im Vordergrund. Der Soziologe Jürgen Habermas wiederum sieht eine Verletzung von Geltungsansprüchen von als verbindlich geltenden Normen als eine Ursache des Kommunikationselements (genauer: „Regulativa"), zu dem er auch den Vorwurf zählt.

Welche *Funktion* ein Vorwurf aus Sicht des jeweiligen Autors hat, ist Gegenstand des vierten Analysefaktors. Sowohl für den Religionsphilosophen Heinrich Klaus als auch für den Soziologen Jürgen Habermas sowie für den medizinischen Psychologen Götz Fabry ist der (jeweils unterschiedlich verstandene) Vorwurf identitätsstiftend. Der zur Sprache gebrachte Vorwurf ist damit ein „Protest gegen das Nichtsein"[12], durch die Interaktion wird Identität erst möglich. Fabry bringt überdies den Vorwurf ebenso wie die Philologin Judith Butler auch in Zusammenhang mit der Macht über Dritte (konkret: Macht des Psychoanalytikers über den Psychosanden während einer

---

[11] Anderegg (2001), S. 194
[12] Heinrich (1984), S. 45

Therapie bei Fabry; „Hate Speech" als Macht ausüben gegenüber Fremden bei Butler), die durch den Sprechakt des Vorwurfs möglich wird.

Der fünfte Analysefaktor dieses Essays lautet „Rahmen der *sozialen Beziehung*". Wie bereits beschrieben, tritt der Vorwurf (und im erweiterten Sinne der Konflikt) immer in Wechselwirkung mit Anderen, in Interaktion auf. Bei der vergleichenden Analyse fällt auf, wie stark die soziale Beziehung abhängig ist von der Ausprägung des Vorwurfs. Beispielsweise ist Fritz Usingers „Klagelied" schriftlich zum Ausdruck gebrachter Vorwurf, eine soziale Beziehung könnte man hier am ehesten zwischen Autor und Leser sehen. In „Motzen" beschreibt Klaus Heinrich den Umgang mit Autorität als den Rahmen für den Vorwurf. Eine soziale Beziehung entsteht laut Judith Butler erst durch den performativen Sprechakt der „Hate Speech", da erst durch die Anrede das Subjekt des Vorwurfs zur „Existenz"[13] gelangt.

Die tabellarische Übersicht des Vergleichs kann der Abbildung 1 entnommen werden.

	Disziplinäre Einordnung (ggf. Schwerpunkte Autor)	Vorwurf verstanden als…	Auslöser des Vorwurfs	Funktion des Vorwurfs	Rahmen der sozialen Beziehung
Klagelied (Usinger, 1984)	Lyrik/ Elegie	Klage	Lebensleid	Entlastung, Alternative zum „ungesehen und ungehört (S.140)	schriftliche Fixierung, Autor-Leser-Beziehung
Hiob (ca. 2. Jahrhundert vor Christus[14])	Christliche Religion (Bibel)	Klage	Krankheit, Ungerechtigkeit, Unglück	„mit Angst fertig werden" (7,11), Hilferuf	Selbstreflexion mit Autoritätsanrede (Gott, Ratgeber)
Die Klagelieder Jeremias (600-500 vor Christus[15])	Christliche Religion (Bibel)	Klage	Zerstörung, Ungerechtigkeit (nicht selbst verschuldetes Leid)	Hilferuf. Gruppen-dynamik: „unser Reigen ist in Wehklagen verkehrt" (5,15)	„Gespräch des Herzens mit sich selbst und mit Gott"[16]; Selbstreflexion mit Autoritätsanrede
Trauer und	Psychoanalyse	Melancholie	Ich-Verarmung +	Krankheit	stumme Anklagen

---

[13] Butler (2006), S. 15
[14] Vgl. Witte (2010)
[15] Vgl. o.V. (2010a)
[16] v.Rad (1965), S.209

	Disziplinäre Einordnung (ggf. Schwerpunkte Autor)	Vorwurf verstanden als…	Auslöser des Vorwurfs	Funktion des Vorwurfs	Rahmen der sozialen Beziehung
Melancholie (Freud, 1916)			„aufdringliche Mitteilsamkeit" (S.433)	Melancholie als Linderungsmittel für Schmerz	gegenüber Dritten, z.B. Liebes-Objekten
Melancholie (Ebner/ Ruhs, 2003)	Psychoanalyse (Bezugnahme auf Arbeiten von Karl Abraham u.a.)	Melancholie	„Schulderleben" (S.273), Selbstwert-störung, Traumata	„versteckter Lustgewinn" (S. 274), Traurigkeit als einzige Möglichkeit des Kontaktes zu „Verlorenen" (S. 290)	„jenseits der Sprache" (S. 292), Anklage gegenüber Dritten
Motzen (Heinrich, 1984)	Religionsphilo-sophie (i.V.m. anderen Disziplinen, z.B. Soziologie)	Motzen	Unzufriedenheit	Ventil für den Alltag	Umgang mit Autorität
Schwierigkeit nein zu sagen (Heinrich, 1984)	Religionsphilo-sophie (i.V.m. anderen Disziplinen, z.B. Soziologie)	Verneinung	„Protest gegen Nichtsein" (S.43)	Identitätsstiftend	angstvoller Umgang mit Anderen; Wunsch, nicht verstoßen zu werden
Die Verneinung (Freud, 1925)	Psychoanalyse	Verneinung	Ergebnis einer Verdrängung	„Aufdeckung des Unbewußten" (S. 15)	Psychoanalytisches Gespräch
Protestbewe gungen (Luhmann, 1996)	Soziologie/ Systemtheorie	Protest	Selektion eines Themas aufgrund von Unzufriedenheit, Aktivität gegen etwas	„Negation der Gesellschaft in der Gesellschaft in Operationen umsetzen" (S.214)	Interaktion, aber: „Sinn des Zusammenseins liegt außerhalb" (S.203). Zentrum-Peripherie-Differenz innerhalb der Gesellschaft
Theorie kommuni-kative Kompetenz (Habermas, 1971)	Soziologie	Kommunikati onselement („Regulativa", S. 112)	Beginn Diskurs auf Basis Geltungsansprü chen von Normen; Unterschied zwischen Sein	Identität, Verständigung	Dissens zwischen Individuen („ideale Sprechsituation" würde Klärung von Diskurs ermöglichen)

	Disziplinäre Einordnung (ggf. Schwerpunkte Autor)	Vorwurf verstanden als...	Auslöser des Vorwurfs	Funktion des Vorwurfs	Rahmen der sozialen Beziehung
			und Sollen		
Herrschaftsfreier Raum (Fabry, 2005)	Medizinische Psychologie	Sprechakt	Erkennen des (un-)bewussten Seins	identitätsentwickelnd, für „Machtstrukturen" (S.250) nutzbar	Psychotherapie (Psychoanalytiker und Psychosand)
Psycho-analyse, Sprache (Lorenzer, 1973)	Psychoanalyse	Sprechakt	„Konflikt zwischen Natur und sozialen Normen" (S.155); Unbewusst sein	Ersatz für „Leiden [...] Neurose" (S.165) (da Unterschied zwischen Trieb und Norm nur durch Sprache beholfen)	jede zwischen-menschliche Interaktion/ Kommunikation
Hass spricht (Butler, 2006)	Philologie	Sprechakt („perluktionär" S. 36)	Angst; Brechen mit gesellschaftlichem Kontext	Machtausübung. Durch Sprechen andere so zu verletzen, dass sie buchstäglich nicht wissen, wo sie sind	durch Anrede bei „hate speech" kommt Subjekt erst zur „Existenz" (S.15), früherer Kontext wichtig (vgl. S. 57)
Kassandra (Wolf, 1983)	Prosa	Klage, „Waffen" (S.6)	erlittenes Unrecht i.V.m. Traumbildern	„Ankündigung" der Tat (S.18) aufgrund von Leid	Selbstreflexion in Erwartung des Todes

Abbildung 1: Übersicht der Analysefaktoren und ihrer Ausprägungen bei den zugrundeliegenden 14 Texten (zur detaillierten Bezeichnung siehe bitte das Literaturverzeichnis, die Zitate beziehen sich auf den jeweiligen Text der Zeile)

Betrachtet man alle Texte mit Hilfe der Analysefaktoren fällt der rote Faden des den Aufsätzen zugrundeliegenden Seminars auf:

Zum Einen hat der Vorwurf in seiner Ursache immer etwas mit subjektiv erlebtem Leid zu tun, so unterschiedlich auch die Ausprägung sowie die Funktion von Vorwurf von den Autoren verstanden wird. Des Weiteren ist „Vorwurf" immer in einen Kontext der sozialen Beziehung eingebettet, ob er nun aktiv artikuliert (Protest, Klage, etc.) oder passiv erduldet (z.B. Melancholie) wird.

Zum Anderen ist es gerade die interdisziplinäre Betrachtung von verschiedenen Texten, die auf den ersten Blick wenig gemein zu haben scheinen, die zu einem breiteren Verständnis des Begriffes Vorwurf verhilft. Er zeigt sich nicht nur durch den in der Philologie im Vordergrund stehenden identitätsstiftenden Sprechakt, sondern – wenn man Erkenntnisse der Psychoanalyse und der Soziologie mit einfließen lässt- auch „jenseits der Sprache" [17] , exemplarisch in gesellschaftlichen Protestbewegungen oder melancholischer Depression.

Interessant für die weitere Forschung wäre eine Analyse, die sich der historischen Entwicklung der Bedeutung der unterschiedlichen Ausprägungen von Vorwurf widmet und herausarbeitet, wie beispielsweise „Klagen" aus der Antike mit heute verwendeten Begrifflichkeiten wie „Meckern" oder „Jammern" in Verbindung steht.

---

[17] Ebner/ Ruhs (2003), S.292

Literaturverzeichnis:

Anderegg, Johannes (2001): Zum Ort der Klage – literaturwissenschaftliche Erkundungen, in: Ebner, Martin u.a. (Hrsg.): Jahrbuch für biblische Theologie – Klage, Neukirchen-Vluyn, S. 185-208

Bös, Mathias (2010): Konflikte – Ethnische Konflikte und gesellschaftlicher Zusammenhalt, in: Becker, Maya; Krätschmer-Hahn, Rabea (Hrsg.): Fundamente sozialen Zusammenhalts – Mechanismen und Strukturen gesellschaftlicher Prozesse, Frankfurt/ Main, S. 131-148

Butler, Judith (2006): Hass spricht. Zur Politik des Performativen, Frankfurt/ Main

Dahrendorf, Ralf (1957): Soziale Klassen und Klassenkonflikt in der industriellen Gesellschaft, Stuttgart

Ebner, Klaus; Ruhs, August (2003): Melancholie oder das Subjekt unter Anklage, in: Jahrbuch für klinische Psychoanalyse, 5. Melancholie und Depression, Tübingen, S. 270-298

Fabry, Götz (2003): Zur Illusion des herrschaftsfreien Raumes – sprachlich vermittelte Machtstrukturen in psychotherapeutischen Beziehungen, in: Zeitschrift für Psychoanalytische Theorie und Praxis, Heft 3, S. 248-259

Freud, Sigmund (1916): Trauer und Melancholie, in G.W.X., Frankfurt/ Main, S. 427-446

Freud, Sigmund (1925): Die Verneinung, in: Gesammelte Werke XIV, Frankfurt/ Main, 1976, S. 11-15

Habermas, Jürgen (1971): Vorbereitende Bemerkungen zu einer Theorie der kommunikativen Kompetenz, in: Habermas, Jürgen; Luhmann, Niklas: Theorie der Gesellschaft und Sozialtechnologie, Frankfurt/ Main, S. 101-142

Heinrich, Klaus (1984): Versuch über die Schwierigkeit nein zu sagen, Frankfurt/ Main

Heinrich, Klaus (1984a): Motzen, in: Kurnitzky, Horst; Schmid, Marion (Hrsg.): Deutsche Stichworte, Anmerkungen und Essays, S. 83f

Henriksson, Carola (2004): Konfliktäre Sprechhandlungen – Eine Untersuchung der Sprechakte „Vorwurf", „Drohung" und „konfliktäre Warnung", Lund

Lehnert, Martin (2006): Gibt es Konflikte? Eine systemtheoretische Beobachtung, Heidelberg

Lorenzer, Alfred (1973): Psychoanalyse und historischer Materialismus, in: ders.: Über den Gegenstand der Psychoanalyse. Oder: Sprache und Interaktion, Frankfurt/ Main, S. 153-167

Luhmann, Niklas (1996): Protestbewegungen, in ders.: Protest. Systemtheorie und soziale Bewegungen, Frankfurt/ Main, S. 201-215

Marx, Karl; Engels, Friedrich (2005 [1848]): Manifest der Kommunistischen Partei, Frankfurt/ Main

o.V. (2010): Klaus Heinrich: http://www.perlentaucher.de/autoren/1684/Klaus_Heinrich.html, abgerufen am 25.09.2010

o.V. (2010a): Klagelieder Jeremias/ Threni: http://www.bibelwissenschaft.de/bibelkunde/altes-testament/prophetische-buecher/klageliederthreni/, abgerufen am 25.09.2010

Parsons, Talcott (1964 [1951]): The social system, New York

Rad, von Gerhard (1965): Theologie des Alten Testaments – 2. Die Theologie der prophetischen Überlieferungen Israels, München, 4. Auflage

Quante-Brandt, Eva (2003): Konflikte im Spannungsfeld von Arbeit und Beruf – Chancen für die Gestaltung arbeitsorientierter Bildungsprozesse, Bielefeld

Usinger, Fritz (1984): Klagelied. Gesang des letzten Abschieds, in: Görner, Rüdiger (Hrsg.): Unerhörte Klagen Deutsche Elegien des 20. Jahrhunderts, Frankfurt/ Main, S. 140f

Witte, Markus (2010); Hiob, Hiobbuch: http://www.bibelwissenschaft.de/nc/wibilex/das-bibellexikon/details/quelle/WIBI/referenz/11644/cache/a74dadc47383d0067ace2dc36586276d/#h5, abgerufen 25.09.2010

Wolf, Christa (1983): Kassandra. Erzählung, Darmstadt/ Neuwied